Renate Bethge

Wunderbar geborgen
Dietrich Bonhoeffer

kiefel

Frei sein heißt nichts anderes,
als in der Liebe sein.
Und in der Liebe sein
heißt nichts anderes,
als in der Wahrheit Gottes sein.

Wer bin ich?

Wer bin ich? Sie sagen mir oft,
ich träte aus meiner Zelle
gelassen und heiter und fest
wie ein Gutsherr aus seinem Schloß.

Wer bin ich? Sie sagen mir oft,
ich spräche mit meinen Bewachern
frei und freundlich und klar,
als hätte ich zu gebieten.

Wer bin ich? Sie sagen mir auch,
ich trüge die Tage des Unglücks
gleichmütig lächelnd und stolz,
wie einer, der Siegen gewohnt ist.

Bin ich das wirklich,
was andere von mir sagen?
Oder bin ich nur das,
  was ich selbst von mir weiß?
Unruhig, sehnsüchtig, krank,
  wie ein Vogel im Käfig,
ringend nach Lebensatem,
  als würgte mir einer die Kehle,
hungernd nach Farben,
  nach Blumen, nach Vogelstimmen,
dürstend nach Worten,
  nach menschlicher Nähe,

zitterend vor Zorn über Willkür
und kleinlichste Kränkung,
umgetrieben vom Warten
auf große Dinge,
ohnmächtig bangend um Freunde
in endloser Ferne,
müde und leer zum Beten, zum Denken,
zum Schaffen,
matt und bereit, von allem Abschied
zu nehmen?

Wer bin ich? Der oder jener?
Bin ich heute dieser und morgen
ein andrer?
Bin ich beides zugleich?
Vor Menschen ein Heuchler
und vor mir selbst ein verächtlich
wehleidiger Schwächling?
Oder gleicht, was in mir noch ist,
dem geschlagenen Heer,
das in Unordnung weicht
vor schon gewonnenem Sieg?

Wer bin ich?
Einsames Fragen treibt mit mir Spott.
Wer ich auch bin, Du kennst mich,
Dein bin ich, o Gott!

Wunderbar geborgen

In Dietrich Bonhoeffers Bibel, die ihn seit seiner Konfirmation begleitete, sind als Widmung zwei Bibelstellen eingetragen, geschrieben von der Mutter für den älteren Bruder Walter: »Der Buchstabe tötet, aber der Geist macht lebendig« (2 Kor 3,6) und »So ist denn die Liebe des Gesetzes Erfüllung« (Röm 13,10).

Der Bruder fiel 18jährig im ersten Weltkrieg, Dietrich Bonhoeffer war damals 12 Jahre alt. Der Tod des Bruders traf ihn sehr und hat wohl auch seine Entscheidung, Theologie zu studieren, beeinflußt.

Die Bedeutung der beiden Bibelverse für die ganze Familie Bonhoeffer zeigte sich später in der gemeinsamen Haltung und in ihrem Handeln gegen das Unrechtsregime des Nationalsozialismus. Nach dem Gesetz war Widerstand illegal, aber er stand unter dem Zeichen der Liebe zu denen, die schweres Unrecht erleiden mußten.

Dietrich Bonhoeffer war das sechste von acht Kindern. Er hatte vier Schwestern und drei Brüder und wurde mit seiner Zwillingsschwester am 4. Februar 1906 in Breslau geboren. Von seinem sechsten Lebensjahr an wuchs er in Berlin auf, wo dem Vater Karl Bonhoeffer der Lehrstuhl für Neurologie und Psychiatrie und die Leitung der Universitäts-Nervenkliniken übertragen worden war.

Die Mutter, Paula Bonhoeffer geb. von Hase, war eine überzeugte Christin, lebhaft, kontaktfreudig und phantasievoll. Über kleine Streiche ihrer Kinder konnte sie hinwegsehen, aber Rücksichtslosigkeit und Lieblosigkeit gegenüber anderen duldete sie nicht.

Der Vater war zurückhaltend und sehr kritisch gegenüber jeder Art von Überheblichkeit. Einfachheit und Klarheit waren ihm oberstes Gebot. Dietrich Bonhoeffer hat später öfter betont, welch positive Wirkungen diese Eigenschaften der Eltern auf seine Erziehung und seinen Lebensweg hatten.

Die Eltern: Karl und Paula Bonhoeffer als junges Ehepaar in Breslau.

Liebe Mama, Du mußt wissen, daß ich jeden Tag unzählige Male an Dich und Papa denke und daß ich Gott danke, daß Ihr da seid für mich und die ganze Familie. Ich weiß, daß Du immer nur für uns gelebt hast und daß es für Dich ein eigenes Leben nicht gegeben hat. Daher kommt es, daß ich alles, was ich erlebe, auch nur mit Euch zusammen erleben kann.

Dietrich Bonhoeffer aus der Haft an seine Eltern. 28. 12. 1944.

Die Geschwister Bonhoeffer erlebten eine harmonische und erfüllte Kindheit. Die Eltern verlangten zwar Rücksichtnahme von ihren Kindern, gleichzeitig gaben sie ihnen jedoch viel Freiheit. Sie bemühten sich, jedes Kind nach seinen eigenen Interessen zu fördern. So erhielten alle Musikunterricht – Dietrich Bonhoeffer spielte ausgezeich-

net Klavier –, auch an Büchern und Spielen fehlte es nicht. Die Mutter gab herrliche Kinderfeste, Erzieherinnen bemühten sich um die Kinder, und darüber hinaus bot ihnen das Haus, in dem ständig Verwandte, Freunde, Kollegen und Assistenten des Vaters ein- und ausgingen, reichlich Anregung.

In der Dankbarkeit gewinne ich das rechte Verhältnis zu meiner Vergangenheit. In ihr wird das Vergangene fruchtbar für die Gegenwart.

Die sieben ältesten Bonhoeffer-Kinder: (von links: Sabine, Dietrich, Christine, Ursula, Klaus, Walter, Karl-Friedrich).

Wohnsitz der Familie Bonhoeffer im Berliner Grunewaldviertel, Wangenheimstraße 14, unweit des Bahnhofs Halensee gelegen.

1923 bestand Dietrich Bonhoeffer mit 17 Jahren das Abitur und begann sein Theologiestudium in Tübingen, wo er zeitweise bei seiner Großmutter wohnte. Nach den Ferienmonaten im Sommer 1924, die er mit seinem Bruder Klaus in Rom verbrachte, kehrte er nach Berlin zurück, um dort sein Studium fortzusetzen. Im Winter 1927/28 legte Dietrich Bonhoeffer sein Erstes Theologisches Examen ab und reichte auch seine Doktorarbeit ein.

Dietrich Bonhoeffer als Student.
Aufnahme um 1923.

Anschließend ging er für ein Jahr als Vikar in die deutsche Gemeinde nach Barcelona – für den dortigen Pfarrer wohl eine etwas schwierige Situation, da der gemütliche Betrieb in der Gemeinde plötzlich aus der Ruhe gebracht wurde. Bonhoeffer regte neue Arbeitsformen in der Gemeinde an und belebte die alten. Wenn er Gottesdienst oder Kindergottesdienst hielt, war die Kirche voll.

Wieder zurück in Berlin widmete sich Bonhoeffer erneut der wissenschaftlichen Arbeit, bestand 1930 sein Zweites Theologisches Examen und habilitierte sich. Da er noch zu jung war, um selbständig eine Pfarrstelle zu übernehmen, belegte er ein Studienjahr in New York am Union Theological Seminary. Hier gewann er gute Freunde und machte wichtige Erfahrungen in der theologischen und kirchlichen Arbeit, nicht zuletzt durch sein Engagement in der schwarzen Abyssinian-Kirche in Harlem.

Ladenkirche in Harlem. »Mehr als sechs Monate bin ich fast jeden Sonntag mittags um halb drei in einer der großen Negro Baptist Churches in Harlem gewesen … Ich habe in den Negerkirchen das Evangelium predigen gehört.«

1931 kehrte Bonhoeffer nach Deutschland zurück – in ein Land, das einen politischen Szenenwechsel erlebte. Neben seiner Tätigkeit als Privatdozent an der Universität übernahm er das Studentenpfarramt an der Technischen Hochschule. In dieser Zeit begann auch seine ökumenische Arbeit. Er wurde zum Jugendsekretär des »Weltbundes für Freundschaftsarbeit der Kirchen« gewählt. Am meisten aber beschäftigte ihn eine Konfirmandengruppe im Stadtteil Prenzlauer Berg.

Mit dieser Konfirmandengruppe aus einem sozialen und politischen Brennpunkt war der zuständige Pfarrer nicht zurechtgekommen. Bonhoeffer ließ die Konfirmanden zunächst toben, dann stellte er sich wortlos vor sie an die Wand und begann leise, sehr leise von den schwarzen Jungen in Harlem zu erzählen. Die Konfirmanden konnten nicht anders als zuzuhören und waren bald fasziniert. Allmählich bekam Bonhoeffer engen Kontakt zu diesen in bedrückenden Verhältnissen lebenden Jungen. Er kümmerte sich persönlich um sie, verbrachte Wochenenden mit ihnen, nahm sie in das Ferienhaus der Familie in Friedrichsbrunn im Harz mit und sorgte mit Hilfe der Mutter dafür, daß jeder der Jungen einen Konfirmationsanzug erhielt.

Bonhoeffer mit Berliner Konfirmanden in Friedrichsbrunn, Ostern 1932.

1933, mit dem Jahr der Machtergreifung Adolf Hitlers, gab es einschneidende Veränderungen. Dietrich Bonhoeffer befand sich sofort in der kirchlichen Opposition. Schon in den ersten Tagen nach dem 31. Januar 1933 wurde ein Radiovortrag ausgeblendet, in dem Bonhoeffer davon sprach, daß ein Führer, der sich zum Idol seiner Anhänger mache, zum Verführer werde.

Bei seinem Vortrag »Die Kirche vor der Judenfrage« drei Monate später verließen einige Hörer verärgert den Saal. Bonhoeffer hatte auf die Pflicht der Kirche hingewiesen, »den Staat immer wieder danach zu fragen, ob sein Handeln verantwortet werden könne, d. h. als Handeln, in dem Recht und Ordnung, nicht Rechtlosigkeit und Unordnung geschaffen werden«. Er hatte auch von der Möglichkeit der Kirche gesprochen, »nicht nur die Opfer unter dem Rad zu verbinden, sondern dem Rad selbst in die Speichen zu fallen.« Hier klingt schon der Gedanke an politischen Widerstand an, wenn Bonhoeffer auch noch lange versuchte, ausschließlich durch sein Handeln innerhalb der Kirche zu wirken. Gleichzeitig bemühte er sich, durch seine ökumenische Arbeit Unterstützung aus dem Ausland zu erhalten.

Nicht der Gedanke, sondern die Bereitschaft zur Verantwortung ist der Ursprung der Tat.

Als Bonhoeffer im Oktober 1933 ein deutsches Auslandspfarramt in London übernimmt, schließt er bald Freundschaft mit dem anglikanischen Bischof George Bell in Chichester. Bell, ein überzeugter Pazifist, ließ sich von Bonhoeffer regelmäßig über die politische und kirchenpolitische Lage in Deutschland informieren, und Bonhoeffer bat Bell um Hilfe und Erleichterungen für die politisch und rassisch Verfolgten aus Deutschland, denen seine Hauptsorge galt.

Im August 1934, noch in Bonhoeffers Londoner Zeit, fand eine große Ökumenische Konferenz in Fanö (Dänemark) statt. Bevor er seinen Vortrag dort zusagte, kämpfte er lange darum, daß nur Teilnehmer der Bekennenden Kirche aus Deutschland dazu eingeladen würden. In der Bekennenden Kirche aus Deutschland schlossen sich Pfarrer und Gemeinden zusammen, die sich gegen die von den Nationalsozialisten beherrschte und gleichgeschaltete Reichskirche aussprachen. Ihr Zusammenschluß ging bis in die Illegalität. Bonhoeffer erreichte in Fanö einen Kompromiß. Nur ein Vertreter der Reichskirche war zugelassen; er selbst aber nahm mit vielen seiner ehemaligen Studenten der Berliner Universität an der Konferenz teil. Bonhoeffers Friedensrede in Fanö ist damals sehr bekannt geworden und wird bis in unsere Tage beachtet und immer wieder zitiert:

»Es gibt keinen Frieden auf dem Weg der Sicherheit. Denn Friede muß gewagt werden, ist das eine große Wagnis, und läßt sich nie und nimmer sichern. Friede ist das Gegenteil von Sicherung. Sicherheiten fordern heißt Mißtrauen haben, und dieses Mißtrauen gebiert wiederum Krieg. Sicherheiten suchen heißt sich selber schützen wollen. Friede heißt sich gänzlich ausliefern dem Gebot Gottes, keine Sicherung wollen, sondern in Glaube und Gehorsam dem allmächtigen Gott die Geschichte der Völker in die Hand legen und nicht selbstsüchtig über sie verfügen wollen. Kämpfe werden nicht mit Waffen gewonnen, sondern mit Gott. Sie werden auch dort noch gewonnen, wo der Weg ans Kreuz führt.«

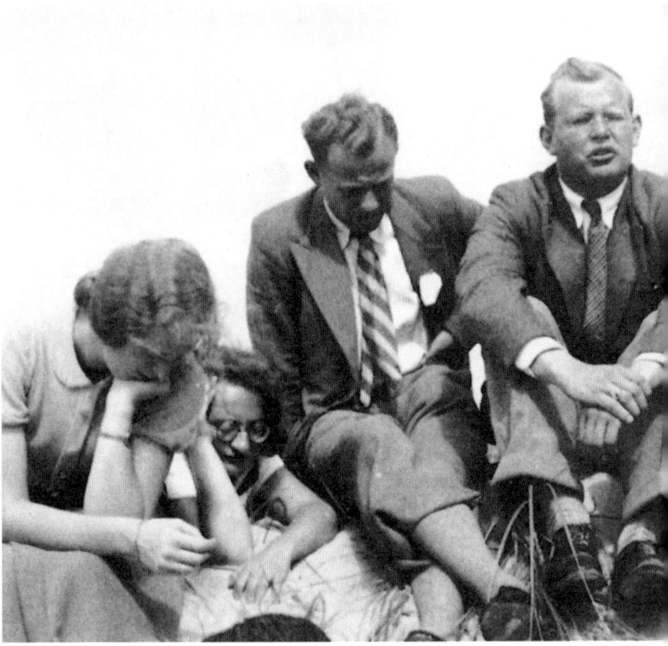

Im April 1935 bat die Bekennende Kirche Dietrich Bonhoeffer, nach Deutschland zurückzukehren, um ein von ihr gegründetes illegales Predigerseminar zu übernehmen und zu leiten. Bonhoeffer stellte seinen brennenden Wunsch, in Indien etwas über friedlichen Widerstand zu lernen – er hatte schon eine Verabredung mit Mahatma Gandhi getroffen – zurück und folgte dem Ruf nach Pommern.

Fanö, August 1934, von links:
Inge Karding, Lotte Kühn,
Otto Dudzus, Dietrich Bonhoeffer,
ein unbekannter Schwede.

Die Vikare, die in das Finkenwalder Predigerseminar kamen, hatten sich bereits für die Bekennende Kirche und gegen die Reichskirche entschieden.

Die Zeit in Finkenwalde sollte die jungen Theologen für ihr ganzes Leben prägen. Bonhoeffer führte mit ihnen ein konsequentes christliches Leben, aus dessen Gemeinschaft den jungen Theologen die

Kraft erwuchs, den Belastungen und Bedrängnissen standzuhalten, denen sie in ihrer Arbeit innerhalb der Bekennenden Kirche ausgesetzt waren. Seine Vorstellungen über ein gemeinschaftliches Leben faßt Bonhoeffer in dem Buch »Gemeinsames Leben« zusammen. Dieses Buch ist neben den »Briefen und Aufzeichnungen aus der Haft« am weitesten verbreitet. Hier finden sich ganz einfache, selbstverständliche, aber eben auch oft vergessene Regeln des Zusammenlebens:

Keiner ist für den geringsten Dienst zu gut. Die Sorge um den Zeitverlust, den eine so geringe und äußerliche Hilfeleistung mit sich bringt, nimmt meist die eigene Arbeit zu wichtig. Wir müssen bereit werden, uns von Gott unterbrechen zu lassen. Gott wird unsere Wege und Pläne immer wieder, ja täglich durchkreuzen, indem er uns Menschen mit ihren Ansprüchen und Bitten über den Weg schickt. Wir können dann an ihnen vorübergehen, beschäftigt mit den Nichtigkeiten unseres Tages, wie der Priester an dem unter die Räuber gefallenen vorüberging, vielleicht – in der Bibel lesend.

Im Finkenwalder Predigerseminar wurde streng theologisch gearbeitet, Politik und Kirchenpolitik jedoch sorgfältig beobachtet und diskutiert.
Der Druck von außen und damit die Versuchung, sich doch der Reichskirche zu unterwerfen, war für manche Vikare zu stark. Vor allem diejenigen, die das Seminar beendet hatten und nun allein in ihrer Gemeindearbeit standen, brauchten Unterstützung.

Bonhoeffer mit Seminaristen an der Ostsee, Sommer 1936.

Ihnen sandte Bonhoeffer regelmäßig Rundbriefe. In dem Rundbrief zu Weihnachten 1937 schreibt er: »Die Jahresbilanz ist dieses Mal ziemlich klar und eindeutig. 27 aus Eurem Kreis haben im Gefängnis gesessen. Bei manchen waren es mehrere Monate. Einige sitzen bis zur Stunde und haben den ganzen Advent im Gefängnis zugebracht. Von den übrigen wird nicht ein einziger sein, der nicht von dem immer ungeduldiger werdenden Angriff der antichristlichen Gewalten etwas in seiner Arbeit und seinem persönlichen Leben erfahren hätte.«

1937 wurde das Seminar polizeilich geschlossen, die Arbeit aber im Untergrund fortgesetzt. 1940 kam dann das endgültige Verbot. Inzwischen waren die Vikare weitgehend zur Wehrmacht eingezogen worden; sehr viele von ihnen sind zwischen 1939 und 1945 gefallen.

Im Sommer 1939 entschloß sich Bonhoeffer auf Drängen seiner amerikanischen Freunde, die ihm auch eine Arbeitsmöglichkeit verschafft hatten,

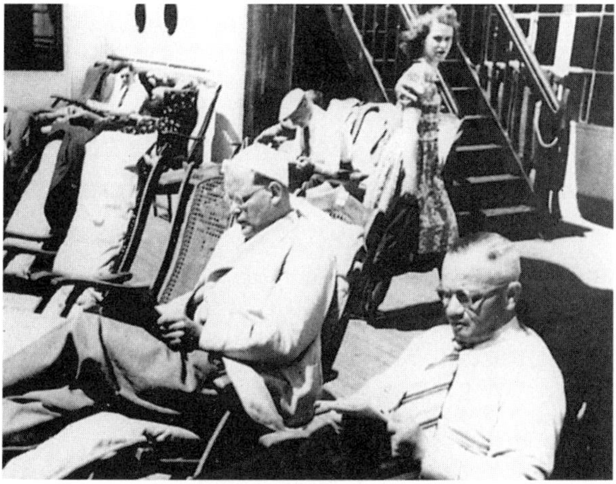

Dietrich Bonhoeffer an Bord der »Bremen« auf der Reise in die USA.

nach New York zu reisen. Man wußte, daß der Krieg bevorstand und damit Bonhoeffers Situation immer schwieriger werden würde. Amerika schien eine gute Lösung zu sein, doch die Gewißheit, daß Familie und Freunde in Deutschland allein mit den »Prüfungen dieser Zeit« zu kämpfen hatten und er abseits in Sicherheit saß, wurde ihm unerträglich. So kehrte er nach sechs Wochen zurück.

Bonhoeffer wußte, daß diese Rückkehr gefährlich werden würde.
Die Bekennende Kirche war durch ständige Repressalien immer schwächer geworden und nicht mehr zu öffentlich wirksamen Handlungen fähig. Aus diesem Grund beschloß Bonhoeffer, sich politisch zu engagieren. Aus dem nur kirchlichen Widerstand wurde politischer Widerstand.

August 1939.
Nach der Rückkehr aus Amerika.

Dr. Hans
von Dohnanyi

Hans von Dohnanyi, Ehemann von Bonhoeffers zweitältester Schwester Christine und unter Admiral Canaris im Amt für Spionageabwehr tätig, leitete eine konspirative Gruppe. Hier liefen viele Fäden des Widerstandes zusammen. Bonhoeffer wurde als sogenannter V-Mann (zur besonderen Verfügung) eingestellt und entging dadurch der Gefahr, zum Militärdienst eingezogen zu werden. Offiziell sollte er seine Auslandsbeziehungen für die Spionageabwehr zur Verfügung stellen, in Wirklichkeit aber setzte er sie für den Widerstand ein.

Bonhoeffer reiste für die Abwehr in die Schweiz, nach Norwegen, Schweden und Rom. Er hatte den Auftrag zu erkunden, wie die Amerikaner und Engländer im Falle eines Putsches reagieren würden. Würden die Kriegshandlungen eingestellt werden? Noch einmal traf er in dieser Mission seinen englischen Freund Bischof Bell in Stockholm, der daraufhin in London alles versuchte, um den deutschen Widerstand zu unterstützen. Bei seiner Regierung fand er kein Gehör und keinen Glauben.

Die echte christliche Verantwortung umfaßt das Ganze des weltlichen Handelns, sie läßt sich keineswegs auf irgendeinen isolierten religiösen Bereich beschränken.

Neben allen politischen und kirchlichen Verpflichtungen im Widerstand gegen das nationalsozialistische Regime war es für Bonhoeffer wichtig, theologisch zu arbeiten. Es entstand seine »Ethik«, in der er sich mit Fragen der Verantwortung im politischen und privaten Bereich auseinandersetzte und die er durch seinen frühen Tod nicht beenden konnte.

Bonhoeffer schrieb weitgehend zu Hause in Berlin, obwohl ihm 1938 ein Aufenthaltsverbot für die Stadt erteilt worden war. Sein Vater hatte jedoch erreicht, daß er seine Eltern in Berlin besuchen durfte, wo er, einzig Unverheirateter unter seinen Geschwistern, sein Zimmer im Elternhaus behalten hatte. In späteren Jahren wohnte er häufig dort, oft mit seinem Freund Eberhard Bethge. Im Nebenhaus lebte seine älteste Schwester mit ihrem Mann Rüdiger Schleicher. Das Familienleben in den beiden Häusern, das gemeinsame Musizieren, die Gespräche, der intensive Gedankenaustausch auch über die politischen Ereignisse und Entwicklungen

waren für alle wichtig in den Widerwärtigkeiten und Sorgen dieser Zeit.
Zum Schreiben verbrachte Bonhoeffer immer wieder etliche Tage in Pommern auf dem Gut von Frau Ruth von Kleist-Retzow, die ihm schon in Finkenwalde in vielen Dingen geholfen hatte. Hier begegnete er auch deren Enkelin Maria von Wedemeyer, mit der er sich im Januar 1943 verlobte.

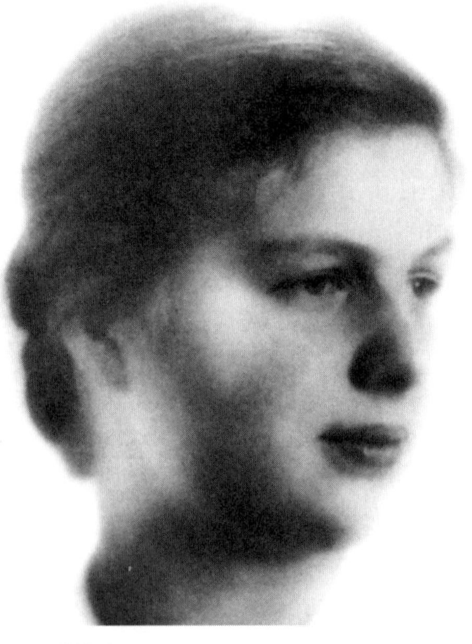

Maria von Wedemeyer.
(Aufnahme aus dem Jahr 1942).

Schließlich wurde die konspirative Arbeit entdeckt. Am 5. April 1943 verhaftete die Gestapo Dietrich Bonhoeffer, Hans von Dohnanyi und seine Frau. Christine von Dohnanyi konnte nach fünf Wochen das Gefängnis wieder verlassen. Obwohl Bonhoeffer immer mit einer Verhaftung gerechnet hatte, war für ihn die erste Zeit im Gefängnis sehr hart. Er wurde in einer verschmutzten Zelle isoliert, niemand sprach ein Wort mit ihm. Von den Eltern erhielt er alle zehn Tage Post, die er auch beantworten durfte. Erlaubt war jede Woche ein Wäschepaket, das zusätzlich Nahrungsmittel und Bücher enthalten durfte.
Da die Verlobung mit Maria von Wedemeyer zunächst nicht öffentlich war, dauerte es lange, bis die Verbindung zu ihr genehmigt wurde.

Gebet für Mitgefangene

In mir ist es finster,
aber bei dir ist Licht
ich bin einsam,
aber du verläßt mich nicht
ich bin kleinmütig,
aber bei dir ist die Hilfe

Fensterluke in der
Tegeler Gefängniszelle
Bonhoeffers.

ich bin unruhig,
aber bei dir ist Frieden
in mir ist Bitterkeit,
aber bei dir ist die Geduld
ich verstehe deine Wege nicht,
aber du weißt den rechten Weg für mich.

Geschrieben im Gefängnis Tegel November 1943.

Dohnanyi und Bonhoeffer waren in verschiedenen Gefängnissen inhaftiert. Bonhoeffer fand im Gefängnis Tegel nach einer Weile freundliche Wärter, die versuchten, ihm das Leben erträglicher zu machen. Der Kommandant des Gefängnisses rief sogar nach schweren Luftangriffen bei den Eltern an, um ihnen zu sagen, daß ihrem Sohn nichts geschehen sei. Auf diese Weise erhielt Bonhoeffer auch Nachricht von seinen Eltern.

Zwei Wärter haben sich besonders für Bonhoeffer eingesetzt. Sie schmuggelten Briefe aus dem Gefängnis und ließen die Antworten über ihre eigene Adressen gehen. Wäre dies entdeckt worden, hätten schwere Strafen sie erwartet. Die Briefe gingen an Eberhard Bethge, den Freund aus der Finkenwalder Zeit, der Soldat war, und bei dessen Post man nicht mit Kontrollen rechnete.

Aus diesen Briefen, dem Briefwechsel zwischen Dietrich Bonhoeffer und seinen Eltern, einigen Briefen von anderen Familienmitgliedern und Notizzetteln entstand nach dem Krieg das Buch »Widerstand und Ergebung – Aufzeichnungen aus der Haft«. Dieses Buch, herausgegeben von Eberhard Bethge, wird in Europa, in Nord- und Südamerika, Japan, Korea, Südafrika und vielen Ländern der Welt gelesen und immer wieder neu aufgelegt. Hier begegnet man einem Menschen, der ganz für seine Überzeugung eingetreten ist, obwohl er wußte, daß er sein Leben riskierte. Dietrich Bonhoeffer stellte sich der Bedrohung in voller Überzeugung. Sein Glaube gab ihm Gelassenheit, alle Anfechtungen und Belastungen zu ertragen.

Ich glaube, daß mir nichts Sinnloses widerfährt und daß es für uns alle gut so ist, wenn es auch unseren Wünschen zuwiderläuft. Ich sehe in meinem gegenwärtigen Dasein eine Aufgabe und hoffe nur, daß ich sie erfülle.
Von dem großen Ziel her gesehen sind alle Entbehrungen und versagten Wünsche geringfügig.

In der ersten Zeit im Gefängnis notiert Dietrich Bonhoeffer einmal auf einen Zettel: »Unzufriedenheit, Gespanntheit, Ungeduld, Sehnsucht, Langeweile, krank, – tief einsam …«. Aber etwa gleichzeitig schreibt er an die Eltern:

»Vor allem müßt ihr wissen und auch glauben, daß es mir wirklich gut geht. … Eine so starke innere Umstellung, wie sie eine so überraschende Verhaftung mit sich führt, die Nötigung, sich innerlich zurecht- und abzufinden mit einer völlig neuen Situation, - das läßt das Körperliche völlig zurücktreten und unwesentlich werden; und das empfinde ich als eine wirkliche Bereicherung meiner Erfahrung. Alleinsein ist für mich ja nicht etwas Ungewohntes wie für andere Menschen und ist sicher ein gutes seelisches Dampfbad. Quälend ist oder wäre nur der Gedanke, daß Ihr Euch um mich ängstigt und quält, daß Ihr nicht richtig schlaft und eßt.«

Die Familie läßt sich nicht bezwingen, man macht sich gegenseitig Mut. Nach einem Besuch seiner Schwester Ursula kann Bonhoeffer an die Eltern schreiben:

»Es ist immer so beruhigend, Euch so gelassen und heiter bei all dem Widerwärtigen, was ihr durch meine Verhaftung durchmachen müßt, zu finden. Du, liebe Mama, hast kürzlich einmal geschrieben, daß Du stolz darauf wärest, daß deine Kinder sich in schauderhafter Lage ›anständig‹ benehmen. In Wirklichkeit haben wir all das von Euch beiden gelernt.«

Mit dem Widerspruch und der Spannung zwischen Depressionen und innerer Stärke hat sich Dietrich Bonhoeffer in dieser Zeit immer wieder auseinandersetzen müssen. Sein Gedicht »Wer bin ich?« ist ein Zeugnis dafür (siehe Seiten 3 und 4). Auch das Problem der Sehnsucht hat ihn beschäftigt. Bonhoeffer schreibt dazu an Eberhard Bethge, den er als Soldat von seiner Familie getrennt auch mit diesem Problem konfrontiert weiß, am 19. März 1944:

»Deine Sehnsucht wird in diesen gefahrenvollen Tagen besonders stark sein, und jeder Brief wird sie nur vergrößern … Wünsche, an die wir uns zu sehr klammern, rauben uns leicht etwas von dem, was wir sein sollen und können. Wünsche, die wir um der gegenwärtigen Aufgabe willen immer wieder überwinden, machen uns – umgekehrt – reicher … Es gibt erfülltes Leben trotz vieler unerfüllter Wünsche.«

Nach dem gescheiterten Attentatsversuch auf Adolf Hitler am 20. Juli 1944 war Bonhoeffer deutlich bewußt, daß seine Chancen zu überleben sanken. Dennoch schreibt er am 21. Juli an Bethge, daß er »dankbar und friedlich an Vergangenes und Gegenwärtiges« denke.

Jeden Tag zu nehmen, als wäre er der letzte, und doch in Glauben und Verantwortung zu leben, als gäbe es noch eine große Zukunft.

»Hier im Gefängnis singt morgens und auch jetzt abends eine Singdrossel ganz wunderbar. Man wird für Geringes dankbar, auch das ist wohl ein Gewinn.«

Im Hof des Wehrmachtsuntersuchungsgefängnisses Berlin-Tegel zusammen mit gefangenen Offizieren der italienischen Luftwaffe, Frühjahr 1944.

Mit dem freundlichen Wärter Knobloch plante Bonhoeffer noch eine Flucht, ließ sich von der Familie Schleicher einen Monteuranzug besorgen, in dem Knobloch ihn aus dem Gefängnis herausschmuggeln wollte, aber es kam nicht mehr dazu. Sein Bruder Klaus und sein Schwager Rüdiger Schleicher wurden verhaftet, er selbst vom Wehrmachtsgefängnis in Tegel in das entsetzliche Hauptgefängnis der Gestapo in der Prinz-Albrecht-Straße verlegt. Von dort drangen kaum noch Nachrichten von Bonhoeffer durch. Hin und wieder durfte man für ihn Wäsche abgeben. Nur noch drei Briefe verließen dieses Gefängnis, der letzte am 17. Januar 1945.

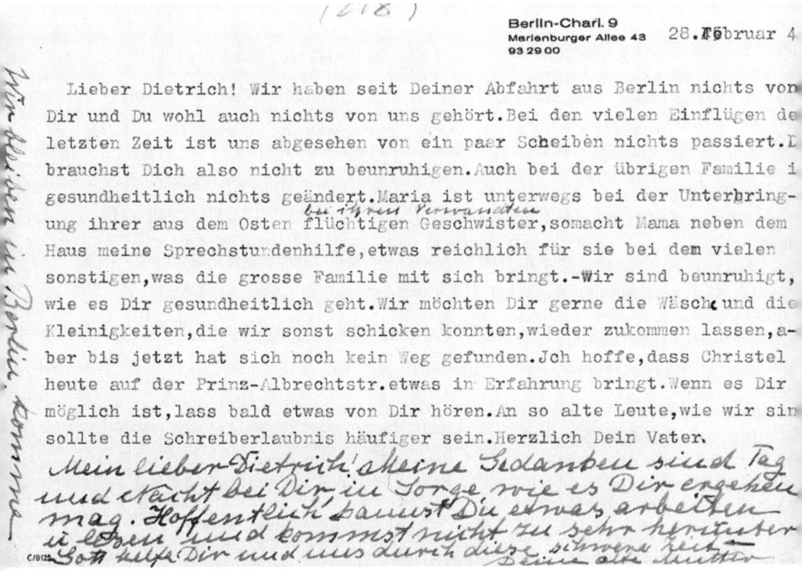

(218)

Berlin-Charl. 9
Marienburger Allee 43
93 29 00

28.Februar 4

Lieber Dietrich! Wir haben seit Deiner Abfahrt aus Berlin nichts von Dir und Du wohl auch nichts von uns gehört. Bei den vielen Einflügen de letzten Zeit ist uns abgesehen von ein paar Scheiben nichts passiert. D brauchst Dich also nicht zu beunruhigen. Auch bei der übrigen Familie i gesundheitlich nichts geändert. Maria ist unterwegs bei der Unterbringung ihrer aus dem Osten flüchtigen Geschwister bei ihren Verwandten, somacht Mama neben dem Haus meine Sprechstundenhilfe, etwas reichlich für sie bei dem vielen sonstigen, was die grosse Familie mit sich bringt.-Wir sind beunruhigt, wie es Dir gesundheitlich geht. Wir möchten Dir gerne die Wäsche und die Kleinigkeiten, die wir sonst schicken konnten, wieder zukommen lassen, aber bis jetzt hat sich noch kein Weg gefunden. Jch hoffe, dass Christel heute auf der Prinz-Albrechtstr. etwas in Erfahrung bringt. Wenn es Dir möglich ist, lass bald etwas von Dir hören. An so alte Leute, wie wir sin sollte die Schreiberlaubnis häufiger sein. Herzlich Dein Vater.

Mein lieber Dietrich! Meine Gedanken sind Tag und Nacht bei Dir in Sorge, wie es Dir ergehen mag. Hoffentlich kannst Du etwas arbeiten u. lesen und kommst nicht zu sehr herunter. Gott helfe Dir und uns durch diese schwere Zeit.
Deine alte Mutter

Wir bleiben in Berlin, komme

C/0125

Brief der Eltern vom 28. Februar 1945.

Am 2. Februar 1945 wurden Klaus Bonhoeffer und Rüdiger Schleicher zum Tode verurteilt, am 7. Februar brachte man Dietrich Bonhoeffer in das Konzentrationslager Buchenwald. Die Familie erfuhr nichts; Maria von Wedemeyer suchte ihren Verlobten in verschiedenen Lagern, auch in Flossenbürg, vergeblich.

In der Morgendämmerung des 9. April 1945 wurde Dietrich Bonhoeffer im Lager Flossenbürg erhängt. Erst im Juli erfuhr die Familie davon. Am selben Tag wie Dietrich Bonhoeffer wurde Hans von Dohnanyi in Sachsenhausen ermordet. Klaus Bonhoeffer und Rüdiger Schleicher wurden am 23. April 1945 in Berlin dicht bei ihrem Gefängnis erschossen.

Obwohl für die Familie der Tod der vier Männer einen entsetzlichen Verlust bedeutete, wußte sie doch, daß ihr Handeln im Widerstand notwendig war und es keinen anderen Weg gab. Bonhoeffers vorletzter Brief aus dem Gefängnis enthielt das Gedicht, das heute in vielen Sprachen gesungen und gebetet wird:

Von guten Mächten
wunderbar geborgen
erwarten wir getrost,
was kommen mag.
Gott ist bei uns am Abend
und am Morgen,
und ganz gewiß
an jedem neuen Tag.

Konzentrationslager Flossenbürg.
Hinrichtungsstätte

Von guten Mächten

Von guten Mächten treu und still umgeben
behütet und getröstet wunderbar, –
so will ich diese Tage mit euch leben
und mit euch gehen in ein neues Jahr;

Noch will das alte unsre Herzen quälen
noch drückt uns böser Tage schwere Last,
Ach Herr, gib unsren aufgeschreckten Seelen
das Heil, für das Du uns geschaffen hast.

Und reichst Du uns den schweren Kelch, den bittern,
des Leids, gefüllt bis an den höchsten Rand,
so nehmen wir ihn dankbar ohne Zittern
aus Deiner guten und geliebten Hand.

Doch willst Du uns noch einmal Freude schenken
an dieser Welt und ihrer Sonne Glanz,
dann woll'n wir des Vergangenen gedenken,
und dann gehört Dir unser Leben ganz.

Laß warm und hell die Kerzen heute
flammen,
die Du in unsre Dunkelheit gebracht,
führ, wenn es sein kann, wieder uns
zusammen!
Wir wissen es, Dein Licht scheint in der
Nacht.

Wenn sich die Stille nun tief um uns
breitet,
so laß uns hören jenen vollen Klang
der Welt, die unsichtbar sich um uns
weitet,
all Deiner Kinder hohen Lobgesang.

Von guten Mächten wunderbar
geborgen
erwarten wir getrost, was kommen mag.
Gott ist bei uns am Abend und am
Morgen,
und ganz gewiß an jedem neuen Tag.

Die Liebe Gottes befreit den von der Selbstliebe getrübten und irregeführten Blick des Menschen zu der klaren Erkenntnis der Wirklichkeit des Nächsten und der Welt und macht ihn so und nur so bereit zur Wahrnehmung echter Verantwortung.

Dietrich Bonhoeffer im Hof des Wehrmachts-untersuchungsgefängnisses Tegel. Sommer 1944.

Bildnachweis:
Fotos: Seite 13, 32 und 42: Pilgrim Press, Fotograf D. Gilbert, Philadelphia und Boston.
Seite 20: Hans Joachim Dröger, Kassel/ Otto Dudzus, Köln.
Seite 38: Gaetano Latmiral, Neapel.
Die übrigen: © Chr. Kaiser/Gütersloher Verlagshaus, Gütersloh

Fett und kursiv gedruckte Zitate:
Seite 2: Dietrich Bonhoeffer, Predigten – Auslegungen – Meditationen Bd: 1: 1925–1945. Hg. von Otto Dudzus. S. 323
Seite 3 f: Dietrich Bonhoeffer, Widerstand und Ergebung. Briefe und Aufzeichnungen aus der Haft. Hg. von Eberhard Bethge. 232 S. Kaiser Taschenbuch 100. S. 187f
Seite 7: Widerstand und Ergebung, S. 18
Seite 9: Dietrich Bonhoeffer, Predigten – Auslegungen – Meditationen Bd 2: 1935–1945. Hg. von Otto Dudzus. S. 366
Seite 17: Widerstand und Ergebung, S. 154
Seite 19: Dietrich Bonhoeffer Werke 13. S. 300
Seite 22: Gemeinsames Leben. Dietrich Bonhoeffer Werke 5, London 1933–1935. S. 84
Seite 28: Dietrich Bonhoeffer Werke Bd. 6. Ethik, S. 238
Seite 33: Widerstand und Ergebung, S. 79
Seite 35: Widerstand und Ergebung, S. 146
Seite 36: Widerstand und Ergebung, S. 27
Seite 37: Widerstand und Ergebung. (zit. nach: Dietrich Bonhoeffer Werke 8, S. 145)
Seite 38: Widerstand und Ergebung, S. 126f
Seite 44f: Widerstand und Ergebung, S. 219
Seite 47: Dietrich Bonhoeffer Werke 6. Ethik, S. 341

Alle genannten Werke sind im Chr. Kaiser/Gütersloher Verlagshaus erschienen.

Die Deutsche Bibliothek – CIP-Einheitsaufnahme

Bethge, Renate:
Wunderbar geborgen – Dietrich Bonhoeffer / Renate Bethge. – Gütersloh : Kiefel, 1998
ISBN 3-579-05800-2

ISBN 3-579-05800-2

Umschlaggestaltung: Init, Bielefeld
Reproduktion: Scanlight, Marienfeld
Satz: Fotosetzerei Steggemann, Herford
Druck und Bindung: Clausen & Bosse, Leck
Printed in Germany